Inhalt

Vorwort

von Michael Delias

In Zeiten von Glutenunverträglichkeit wird es immer wichtiger, eine Alternative zum herkömmlichen Brot zu haben. Zum Beispiel sind Essener- oder Keimsaatenbrote glutenfrei und verstoffwechseln sich zudem basisch – ganz im Gegensatz zu herkömmlichen Broten aus Getreide.

Insbesondere das Essenerbrot ist weit mehr als nur eine Alternative: Es ist das »ultimative« Brot, das »Urbrot«, das sowohl Kranke als auch Gesunde ausreichend mit Nährstoffen versorgt und keine allergischen Reaktionen hervorruft. Im Gegensatz zum Brot des Otto Normalverbrauchers weist Essenerbrot, das es schon zu Jesu Lebzeiten gab, wenig bis gar kein Gluten auf, weil es nicht aus hochgezüchtetem Getreide, sondern hauptsächlich aus Ölsaaten besteht.

Keimsaatenbrote und Cracker sind sehr vielfältig, wenn man auf eine so starke Kreativität zurückgreifen kann, wie sie Teresa-Maria Sura zu eigen ist. Mit diesem Ihnen vorliegenden kleinen Schatz an Essenerbrot- und Crackerrezepten gelingen Ihnen alle wohlschmeckenden, bei maximal 42° C zubereiteten Brotsorten mit Leichtigkeit – und Sie leisten Ihrer Gesundheit mit diesen rohköstlichen Broten einen wertvollen Dienst.

Diese mit voller Hingabe zusammengestellte Rezeptsammlung von Teresa-Maria Sura ist für alle Menschen, die Freude an der Rohkosternährung haben oder aus gesundheitlichen Gründen eine glutenfreie Ernährung wählen müssen, unverzichtbar.

Tauchen Sie ein in die Welt der Urvitalbrote und -cracker, und lassen Sie sich dazu verführen, diese wunderbaren Rezepte selbst auszuprobieren. Augenschmaus und Gaumenfreuden sind garantiert!

Michael Delias

Autor von »Die Heilnahrung« und
Herausgeber der Zeitschrift »Die Wurzel«
(www.die-wurzel.de)

Liebe Leserin, lieber Leser,

eigentlich hätte mein allererstes Buch eines über Cracker und rohköstliche Brotvariationen sein müssen, denn als ich für das Thema lebendige Vitalkost (und insbesondere Rohkost) entflammte, hatten es mir besonders die Cracker angetan.

Also machte ich meine ersten Experimente und Erfahrungen mit verschiedensten rohköstlichen Crackern und mit Rohkeksen. Ich war in meiner Küche kaum noch zu bremsen – und stellte mit Erstaunen und großer Begeisterung fest, dass die meisten Freunde, die diese ersten Versuche probierten, total positiv reagierten. Auch diejenigen waren begeistert, die bis dahin beim Thema Vital- oder gar Rohkost eher skeptisch geschaut oder verächtlich die Nase gerümpft hatten.
Die Krönung war schließlich, als es mir gelang, mithilfe von Crackern eine frische, knackige und vitalstoffreiche Pizza zu zaubern. Es war ein sehr befriedigendes Gefühl, in sie hineinzubeißen!

Einige meiner Crackerrezepte kennen Sie vielleicht bereits aus meinem Buch »Rohköstliche Gourmet-Rezepte«, das ebenfalls im Schirner Verlag erschienen ist.

Damals war ich schon seit Längerem auf der Suche nach einer richtig guten Alternative zu den »gängigen Kohlehydratlieferanten« wie Brot, Gebäck etc. Auch der Genuss von vollwertigem Bio-Vollkorn- oder Bio-Roggenbrot stellte sich auf lange Sicht als nicht wirklich optimal für meinen Körper heraus.

Die unterschiedlichen Auswirkungen auf meinen Körper in den Phasen mit viel über wenig bis hin zu keinen Kohlehydraten waren für mich nur allzu deutlich zu spüren und nicht zu verdrängen.

Übrigens machen die »normalen« Kohlehydrate, die viele Menschen Tag für Tag wie selbstverständlich zu sich nehmen, unglaublich müde. Zudem enthalten die meisten Brote, Brötchen, Cracker, Wraps und all das, was es sonst noch gibt, in der Regel nicht nur reichlich Getreide (meistens Weißmehl), sondern auch viel Zucker, reichlich Kochsalz, Backtriebmittel und erschreckenderweise häufig auch gehärtete Fette. Gehärtete Fette werden gern besonders dann eingesetzt, wenn etwas schön kross oder knusprig schmecken soll, also insbesondere bei Crackern.

Weil ich mich häufig berufsbedingt in Situationen befand (und befinde), wo ich »mal schnell« einen Imbiss oder am besten sogar etwas zum Mitnehmen für unterwegs benötigte, musste eine wirklich gute und vor allem köstliche Alternative her.

Die Entdeckung der Cracker war für mich »die« Lösung schlechthin. Es ist mir das allergrößte Vergnügen, diese Entdeckung und meine damit gemachten Erfahrungen nun mit Ihnen zu teilen. Und weil zu jedem guten Cracker auch ein köstlicher Belag gehört, verrate ich Ihnen die Rezepte einiger meiner Lieblingsaufstriche.

Doch denken Sie immer daran: Ihrer eigenen Fantasie und Gaumenlust sind natürlich keine Grenzen gesetzt!

Ihre

Teresa-Maria Sura

Rohköstliche Cracker & Brote – die köstlich gesunde Alternative für jeden

Die vitalstoffreichen, lebendigen Cracker und Brote sind für so ziemlich jeden Menschen geeignet. Sie sind eine fantastische Alternative für all jene, die den Kohlehydrateanteil in der Ernährung sehr gering halten wollen, und gleichzeitig eine hervorragende Option für Menschen, die sich glutenfrei ernähren müssen. Für Menschen, die sich ausschließlich von Rohkost ernähren, sind sie ohnehin kaum wegzudenken.

Es gibt diese Cracker und Brote in verschiedensten Geschmacksrichtungen und unterschiedlichsten Konsistenzen. Mit relativ geringem Aufwand und etwas Übung können Sie vital-vollwertige und äußerst schmackhafte Varianten von Crackern, Wraps oder Broten selbst herstellen. Und Sie können sich leicht einen abwechslungsreichen kleinen Vorrat zubereiten, auf den Sie jederzeit zurückgreifen können.

Cracker sind ein vollwertiges Lebensmittel mit wertvollen Inhaltsstoffen – gut für Gesundheit und Verdauung. Achten Sie darauf, genügend zu trinken, damit die Inhaltsstoffe gut quellen können.

Luftdicht, kühl und lichtgeschützt aufbewahrt sind Cracker bis zu einigen Wochen haltbar. Durch den Herstellungsprozess des Dörrens sind sie unterwegs nicht nur ernährungsphysiologisch leicht, sondern auch im wahrsten Sinne des Wortes »leichtes Gepäck«, das selbst auf Flugreisen ohne Weiteres mitgenommen werden kann.

Für die Herstellung der Cracker benötigt man lediglich eine Küchenmaschine, wobei man mitunter sogar auf diese verzichten kann, sowie einen Dörrapparat mit regelbarer Temperatur.
Die Cracker lassen sich in zahlreichen schönen Formen herstellen, wie z. B. Quadraten, Dreiecken, Rauten oder Kreisen. Wer aber wirklich wenig Zeit für die Zubereitung hat und dennoch nicht auf seine Cracker verzichten will, der streicht die Masse einfach auf die Antihaftmatte einer Dörrschublade, trocknet sie bis zur gewünschten Konsistenz und zerbricht die große Crackerplatte einfach in Stücke geeigneter Größe.

Ich persönlich bevorzuge es immer, mir genug Zeit zu nehmen (sind es doch oftmals nur 5–15 Minuten mehr), und unterteile die Crackermasse direkt nach dem Auftragen in gleichmäßige Quadrate, Rechtecke oder Dreiecke. Speziell diese drei Formen gehen denkbar schnell. Dieses kleine Extra an Aufwand ist dann meine persönliche »Alchemie«, um die besondere Prise Liebe und Wertschätzung einzuarbeiten.

In Form gebrachte Cracker lassen sich platzsparend in Frischhalteboxen stapeln. Und wenn ich für eine Salatkreation oder einen Dip das gewisse dekorative Etwas brauche, so habe ich es stets zur Hand. Ein längliches Crackerdreieck in einen Dip gesteckt sieht einfach appetitlich aus.

Hat man eine gute Auswahl an Crackern auf Vorrat, so lassen sich daraus mit wenig Aufwand rasch kleine und große Mahlzeiten zaubern.

Aus kleinen runden Crackern hat man leicht mit einigen verschiedenen Aufstrichen, Sprossen, Kräutern und Blüten eine traumhaft anzusehende und köstliche Auswahl an Kanapees zubereitet. Aus großen runden Platten oder Quadraten lassen sich spontan köstlichste Vitalpizzas herstellen. Aus noch leicht feuchtem Rohbrot lassen sich ganz einfach saftige Sandwiches zaubern, die (in einer Brotbox) aufbewahrt ideal als Pausensnacks für unterwegs geeignet sind.

Wer regelmäßig frischen Saft in der Saftpresse herstellt, wird sich mitunter schon gefragt haben, was er mit dem reichlich anfallenden Trester anfangen soll. Es ist ja eigentlich zu schade, ihn immer auf den Kompost zu werfen. Im Crackerteig oder als Aufstrich auf Crackern lässt sich Trester hervorragend verwerten. Ich bin sicher, Sie werden diese »Kompostabfälle« ab sofort mit völlig neuen Augen betrachten.

Cracker sind auch ein sehr wertvolles und gern gesehenes (und bei meinen Freunden heiß begehrtes) Geschenk. Sind diese in schönen Formen zubereitet worden und dann in einem Zellophanbeutel verpackt, schlägt das Herz eines jeden Beschenkten höher.
Gibt es etwas Schöneres und Persönlicheres, als Liebe und der Gesundheit Dienliches in Form eines Lebensmittels zu verschenken?

Küchenausrüstung und Zubehör zur Herstellung von Crackern & Broten in der Vitalküche

Gute Schneidebretter

Mein wichtigstes Schneidebrett ist ein solides, großes Bambusbrett. Darauf schneide ich Gemüse, Obst oder Kräuter. Ein weiteres Brett aus glattem Kunststoff verwende ich für Zutaten wie Zwiebeln, Knoblauch und andere sehr intensiv riechende Gemüse oder Kräuter.

Scharfe Messer in verschiedenen Größen

Ich persönlich arbeite am allerliebsten mit hervorragenden Keramikmessern in verschiedenen Größen. Gute, scharfe Messer sind für ein effektives und freudvolles Arbeiten unverzichtbar. Ob man nun mit Keramikmessern oder Stahlklingen arbeitet, hängt von der eigenen Vorliebe ab.

Schüsseln und Schälchen

Zum vorzeitigen Einweichen von einzelnen Zutaten eignen sich kleine und mittlere Schüsseln. Für den eigentlichen Crackerteig benötigt man eine größere Schüssel oder Schale. Ich bevorzuge Schüsseln und Schalen aus Porzellan, Keramik oder Glas. Diese Materialien haben im Gegensatz zu Kunststoff die positive Eigenschaft, dass sie kaum Gerüche annehmen.

Sehr praktisch finde ich übrigens Glasschalen mit eigenem Deckel. Darin lassen sich Zutaten wie z. B. getrocknete Tomaten, Rosinen oder Nüsse gut über Nacht oder für einige Stunden einweichen. Auch bei der Zubereitung von Aufstrichen eignen sich diese hervorragend, weil sie gleichzeitig als Aufbewahrungsgefäß benutzt werden können.

Küchenwerkzeuge

Ein Holzrührlöffel, ein Silikonschaber, ein Teigschaber, Formringe, größere Ausstechformen für Motive, ein großer Löffel oder Schöpfer sowie ein Eisportionierlöffel bilden zusammen die optimale Grundausstattung.

Wenn ich in einer großen Schale fein pürierte Zutaten mit gröberen Zutaten vermengen möchte, verwende ich einen soliden Olivenholzlöffel. Damit lassen sich auch zähe Massen gut vermengen oder noch nachträglich Würzmittel gut einarbeiten.

Der Silikonschaber ist dafür da, die Crackermasse gut und gleichmäßig auf den Antihaftmatten auszustreichen, aber auch dafür, mühelos die Masse restlos aus der Schale herauszuholen.

Mithilfe des Teigschabers lässt sich die Teigmasse einfach durch Draufdrücken gut in Segmente, wie z.B. Quadrate, aufteilen. Formringe oder Motivausstechformen eignen sich dazu, schnell sehr individuelle und formschöne Cracker und Brotstücke herzustellen, beispielsweise in Herz- oder Ovalform oder auch in Tier- oder Blütenform. Der Fantasie und Kreativität sind keine Grenzen gesetzt.
Der große Löffel oder Schöpfer ist praktisch, um die Masse auf die Matte zu schöpfen oder wohldosiert in die Garnierformen zu füllen. Sollte man mal kleine Formen verwenden, so ist ein Teelöffel gut geeignet. Der Eisportionierlöffel (ich besitze welche in verschiedenen Größen) ist eines meiner liebsten Werkzeuge, wenn es darum geht, exakt gleiche Portionen zu setzen. Damit lassen sich sowohl pikante »Muffins« leicht herstellen als auch flache runde Formen.

Keimgläser, Keimgerät

Für das Ankeimen von Körnern oder Saaten kann man im Handel verschiedene Keimgeräte kaufen. Für mich persönlich sind die simplen Keimgläser, die man in fast jedem Bioladen bekommt, hervorragend geeignet. Sie sind leicht zu handhaben und ebenso leicht zu reinigen.
Eine preiswerte Alternative, die auch sehr gut funktioniert, ist das Ankeimen in Schüsseln oder flachen Schalen. Ich verwende dafür schlichte Glasbackbleche. Wie das Keimen genau funktioniert, erkläre ich später im Kapitel »Keimen«.

Dörrgerät mit Temperaturregelung

Das wichtigste Gerät zur Herstellung von Crackern, Broten, Wraps, Tortillas oder auch Tacos ist ein gutes Dörrgerät mit Temperaturregelung. Die Dörrtemperatur sollte, damit Rohkostqualität gewährleistet bleibt, niemals 42° C überschreiten. Sobald die Temperatur darüber hinausgeht, werden wertvolle in den lebendigen Zutaten enthaltene Enzyme zerstört. Und gerade diese sind für eine einwandfreie und optimale Verdauung von großer Bedeutung.

Auf meiner Website finden Sie Informationen dazu, welches Dörrgerät für Sie am besten geeignet sein dürfte. Über diese Website können Sie mich bei Fragen auch gern direkt kontaktieren.

Weil nicht jeder gleich die Investition eines Dörrgerätes tätigen will, gibt es auch eine Kompromisslösung, mit der man erst einmal ausprobieren kann.
Die meisten Backöfen haben als niedrigste Temperatureinstellung 50° C. Wenn Sie also erst einmal experimentieren wollen, streichen Sie die Crackermasse auf eine Antihaftmatte oder auf ein Backblech mit Backpapier, stellen dann den Backofen auf die niedrigste Temperatur und klemmen einen Kochlöffel in die Backofentür – so erzielen Sie die gewünschten maximal 42° C und können dörren. Das ist energetisch zwar nicht optimal, aber so können Sie das Dörren ausprobieren, ohne sich gleich ein Dörrgerät anzuschaffen.

Küchengeräte für die Herstellung von Crackern & Rohbroten

Küchenmaschine, Multizerkleinerer, Standmixer, Miniblender oder Kaffeemühle

Um einzelne Zutaten für eine Crackermasse zu zerkleinern oder sogar wirklich fein zu mahlen, verwende ich – je nach Menge – entweder meinen Vitamix, meinen Hochleistungsstandmixer, meinen kleinen Multizerkleinerer oder meine größere Küchenmaschine.

Wer eine normale Küchenmaschine oder einen Standmixer besitzt, der ist für den Anfang gut ausgerüstet. Wer über längere Zeit hinweg vorhat, diese Form von Vitalnahrung herzustellen, der sollte sich lieber hochwertige Küchenmaschinen anschaffen. Diese haben vor allem den großen Vorteil, dass sie innerhalb kürzester Zeit in der Lage sind, die Zutaten sehr schonend zur gewünschten Konsistenz zu zerkleinern. Eine zu starke Erwärmung durch hohe Reibungshitze ist möglichst zu vermeiden. Diese entsteht rasch bei leistungsschwachen

Geräten, die für den Zerkleinerungsvorgang relativ viel Zeit benötigen. Wer kein leistungsstarkes und somit schnell arbeitendes Gerät besitzt, kann durch die Beigabe von ein paar Eiswürfeln die Temperatur niedriger halten.

Ein Miniblender lässt sich vielseitig zur Verarbeitung kleinerer Mengen einsetzen, auch für Leinsamen.
Am liebsten aber mahle ich Leinsamen, der bei mir in vielen Crackerrezepten Verwendung findet, in meiner elektrischen Kaffeemühle, die eigentlich nur noch für genau diesen Zweck in Betrieb ist.

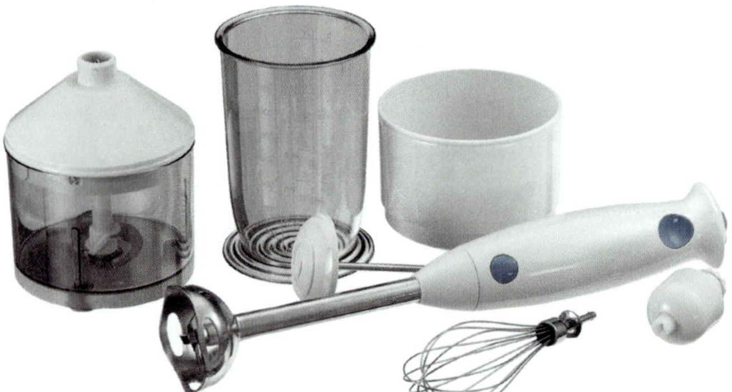

Küchengeräte für die Herstellung von Aufstrichen & Dips

Küchenmaschine, Multizerkleinerer, Standmixer, Stabmixer

Für Aufstriche und Dips benötigt man lediglich ein Gerät, das in der Lage ist, fein zu häckseln oder zu pürieren. Am häufigsten setze ich meinen Multizerkleinerer ein. Dieses Gerät ist sehr leistungsfähig und zudem blitzschnell zu reinigen. Weil es klein ist, lassen sich auch kleine Mengen komfortabel zubereiten und leicht entnehmen. Je kleiner die Menge Aufstrich ist, desto leichter lässt sich auch mit einem kleineren Gerät arbeiten.

Wer einen Stabmixer, z. B. den »Zauberstab« besitzt, kann auch damit bestens Cremes für Aufstriche herstellen.

Zur Aufbewahrung der Aufstriche und Dips empfiehlt es sich, schöne Gefäße mit Deckel zu verwenden. Dann können Sie die Aufstriche und Dips im Kühlschrank lagern und haben sie sofort servierbereit.

Nur das Beste ist gut genug – Klasse statt Masse

Wie schon in meinen anderen Büchern möchte ich betonen, wie wichtig es ist, bei der Qualität der Zutaten keinerlei Kompromisse einzugehen. Wer sich für Rohkost entscheidet, tut dies aus gutem Grund: Es geht um Gesundheit und Wohlbefinden. Und es geht darum, gut mit sich selbst umzugehen, aber auch respektvoll mit den Nahrungsressourcen.

Wenn Menschen sich darüber beklagen, dass manche Zutaten im Bereich Rohkost so teuer seien, erinnere ich sie immer wieder sanft daran, dass die schonende und liebevolle Herstellung der Zutaten natürlich ihren Preis hat. Wenn wir erwarten, für unsere Arbeit angemessen und gut bezahlt zu werden, so müssen wir angemessene und gute Bezahlung auch anderen zugestehen. Das Leben ist in seiner optimalen Form ein ausgewogenes Geben und Nehmen – basierend auf Fairness, Wertschätzung und Freude.

Es gibt aber auch weitere objektive Gründe, weshalb Zutaten teilweise teuer erscheinen, es letztlich jedoch gar nicht sind. Sicherlich hat ein Fläschchen roher Yaconsirup seinen Preis. Doch der Verbrauch ist auch entsprechend gering.

Die »lebendigen« Lebensmittel wirken auf unseren Körper anders als die meisten Nahrungsmittel, die oftmals nur »Füllmaterial« sind, das, kaum dass es verspeist ist, sogleich wieder zu neuem Hungergefühl führt. Zuckerstoffe lassen zudem den Blutzucker hochschnellen. Bei den ganzheitlichen, lebendigen Lebensmitteln hingegen lernt unser Körper wieder wahrzunehmen, wann er tatsächlich satt ist.

Das Ergebnis ist, dass wir viel weniger verzehren. Sättigung tritt schneller und nachhaltiger ein. »Klasse statt Masse«, sage ich dann immer mit einem breiten Lächeln im Gesicht.
An belegten Rohcrackern oder Rohbroten kann man sich nicht überessen, denn der Sättigungseffekt tritt schnell und anhaltend ein.

Unser Körper ist unglaublich intelligent. Er kann die Informationen, die Nahrung in sich trägt, »lesen«. Unser Körper erkennt gute Nahrung und weiß, wann er »genug« hat.
Nehmen wir gehaltlose Nahrung zu uns, kann unser Körper einfach nicht mehr wahrnehmen, wann es genug ist. Das liegt vor allem daran, dass er wichtige Nährstoffe noch nicht bekommen hat. Also verlangt er nach mehr Nahrung.

Zutaten

Gekeimte Getreide für Essenerbrot

Speziell bei der Herstellung von Essenerbrot werden gekeimte Getreidekörner benutzt. Am häufigsten werden Weizen, Dinkel, Nackthafer und Roggen verarbeitet. Durch den Keimvorgang erlangen die Getreide optimale Verdaulichkeit, und ihr Glutenanteil wird deutlich reduziert. Wie bei allen Zutaten lege ich beim Getreide großen Wert auf Qualität. Es sollte frisch und aus kontrolliert biologischem Anbau sein.

Samen, Körner, Nüsse

Bei Essenerbroten und Crackern finden zahlreiche Samen und Körner Einsatz, die allesamt glutenfrei und von daher hervorragend für Allergiker geeignet sind.

Gekeimter Buchweizen ist mein absoluter Liebling. Der nussige Geschmack von Buchweizen ist herrlich, und Buchweizen bewirkt, wenn man ihn »ganz« verwendet, dass ein Cracker schön knusprig wird. Über einen noch feuchten Cracker, vor dem Dörren, gestreut, sieht er auch noch sehr dekorativ aus.

Weitere wertvolle und aromatische Samen sind Goldleinsamen und dunkler Leinsamen, heller und schwarzer Sesam, Hanfsamen, Amaranth, Quinoa, Chiasaat und Flohsamen. Insbesondere Sonnenblumenkerne und Kürbiskerne sind bei meinen Crackern kaum wegzudenken.

Einige der Zutaten besitzen die natürliche Eigenschaft, durch Aufquellen die Teigmasse einzudicken. Besonders Leinsamen bildet beim Einweichen einen Schleim, der den Crackern beim Trocknen eine prima Festigkeit verleiht.
Aber auch Chiasaat und Flohsamen haben hervorragende Bindungseigenschaften.

Die meisten Saaten, besonders Sesam und Hanf, sind sehr gute Proteinlieferanten. Diese Proteine sind für den Körper leicht verdaulich und optimal verwertbar.
In meinen anderen Büchern bin ich bereits näher auf die Bedeutung und Wertigkeit der einzelnen Zutaten eingegangen, sodass ich an dieser Stelle auf eine Wiederholung verzichte – zudem würde es den Rahmen des vorliegenden Büchleins sprengen.

Fast alle genannten Zutaten verwende ich in vorgekeimter Form. Die meisten habe ich in (gekeimter und anschließend wieder) getrockneter Form jederzeit griffbereit. Wer Zeit und Freude daran hat, der keimt sich seine Saaten selbst und,

sofern er sie nicht sofort verarbeitet, trocknet sie anschließend wieder und bewahrt sie in luftdichten Behältnissen auf. Es gibt aber auch Anbieter, bei denen man fertig gekeimte und getrocknete Zutaten kaufen kann. Das ist vor allem für Menschen, die wenig Zeit haben, sich aber dennoch auf höchstem Niveau ernähren wollen, eine wertvolle Hilfestellung.

Zu den wenigen Nusssorten, die ich in Crackerrezepten verarbeite, gehören Walnüsse und Paranüsse. In der Regel verwende ich Nüsse eher selten in Crackern. Ich denke, das ist Geschmackssache. Es heißt, dass Nüsse in Kombination mit Salz eher schwer verdaulich seien.
Wenn ich Nüsse mitverwende, so weiche ich sie mindestens 1–2 Tage vorher ein und spüle sie zwischendurch mehrfach.

Würzmittel

Zum Würzen verwende ich neben ein wenig Salz (Meersalz, Steinsalz oder Himalayasalz) sehr gerne Ume Su. Das ist eine rote, recht flüssige Würzsoße, die wie ein leichter, recht fruchtiger und salziger Essig schmeckt.
Ume Su wird durch Milchsäuregärung aus Umeboshi-Aprikosen hergestellt. Die rote Farbe bekommt es durch die Beigabe von konservierend wirkenden Shiso-Blättern. Ume Su gilt als basisches Lebensmittel (und ist aus der chinesischen Medizin kaum wegzudenken). Es unterstützt Magen und Verdauung.

Verwendet man das salzige Ume Su, so benötigt man in der Regel kein Salz.

Weitere Würzzutaten sind alle Gewürze und Kräuter, die das Herz begehrt. Egal, ob Currywürzmischungen, Paprikagewürze oder Ähnliches, der Fantasie und den Möglichkeiten sind diesbezüglich kaum Grenzen gesetzt.

Zwiebeln und Knoblauch sind ebenfalls kraftvolle Würzmittel. Man muss jedoch bedenken, dass sie in Rohform verarbeitet werden und deswegen für so manchen blähend wirken. Bei der Verwendung von Zwiebeln ist es hilfreich, wenn man diese schält, schneidet und für einige Stunden oder über Nacht in Wasser einweicht, das Wasser dann abgießt und die Zwiebeln noch mal gründlich spült. Sie haben dann immer noch reichlich gutes Aroma für die Cracker, wirken jedoch deutlich weniger blähend, weil der Anteil an ätherischen Ölen durch das Wässern reduziert wurde.

Shoyu und Tamari sind geschmacksintensive Sojasoßen. Beide sind recht salzig, weswegen man achtsam mit ihrer Dosierung sein muss. Es gibt Tamari auch salzreduziert.

Bedenken Sie stets, dass Aromen durch den Prozess des Trocknens intensiver werden. Gehen Sie daher eher zaghaft mit den Würzmitteln um.

Manchen Essenerbroten gebe ich Olivenöl bei. Öl ist in dem Sinne kein Würzmittel, jedoch haben Fette und Öle generell die Eigenschaft, Aromen stärker hervorzuheben, weil sie Geschmacksträger sind.

Gemüse und Obst

Zucchini, Karotten, Rote Bete und Äpfel verwende ich in meinen Rezepten häufig. Und wer öfter Saft frisch presst, der kann den anfallenden Trester sehr gut in einen Crackerteig einarbeiten. Oder aber aus dem Trester einen Aufstrich zaubern.

Im Grunde eignen sich nahezu alle Gemüsesorten für die Verarbeitung in Crackern oder Rohbroten. Lauch beispielsweise gibt ein gutes Aroma. Aber ich empfehle, wie bei Zwiebeln, den geschnittenen Lauch für einige Stunden in Wasser einzuweichen, damit die blähenden ätherischen Öle weitgehend ausgespült und somit reduziert werden. Auch Sauerkraut gehört bei mir zu den beliebten Zutaten.

Selbstverständlich sind frische Tomaten und Paprika optimale Zutaten für fruchtige, aromatische Cracker. Doch auch getrocknete Tomaten eignen sich sehr gut, weil sie ein sehr intensives Aroma mitbringen (weswegen man getrocknete Tomaten eher vorsichtig dosieren sollte).

Für ein rundes, fruchtiges »asiatisches« Aroma kann man auch etwas Banane und Ananas beigeben.

Süßungsmittel

Weil manche Zutaten im Geschmack eher herb sind, verwende ich oftmals gezielt etwas Süße, um das Aroma der Cracker abzurunden. Beispielsweise sind Äpfel in der Regel schon ein ausreichend süßes Element.

Honig

Für Veganer kommt Honig nicht infrage. Ich selbst arbeite gern mit Honig und verwende dann »aktiven« Manuka-Honig. So erhalte ich wertvolle Inhaltsstoffe und zugleich die gewünschte Süße. Wichtig ist beim Honig eine erstklassige Qualität: Er sollte kalt geschleudert, in keiner Weise erhitzt und frei von Rückständen sein.

Dattel- oder Rosinenpaste bzw. -sirup

Diese Süßungsmittel sind denkbar schnell und leicht selbst hergestellt. Man weicht die Datteln oder Rosinen (ich verwende am liebsten grüne Rosinen) für 1–2 Stunden in etwas Wasser ein, damit sie aufquellen. Dann püriert man das Ganze zu einer glatten Paste oder einem »Sirup«. Die erwünschte Konsistenz erzielt man durch die verwendete Menge an Wasser. Nach Wunsch kann man die Paste noch mit Zitronensaft oder Vanille verfeinern. Wenn man sich einen Vorrat dieser nur begrenzt haltbaren Paste anlegen möchte, dann füllt man sie in Eiswürfelbehälter und friert sie zu praktischen Würfeln ein. Diese lassen sich dann komfortabel bei Bedarf dem Frostfach entnehmen. 1 Würfel entspricht in etwa 1 El süßer Paste.

Auf 12 Medjool-Datteln verwendet man ca. 300–500 ml Wasser – je nach gewünschter Konsistenz. Auf 200 g grüne Rosinen nimmt man ca. 200–300 ml Wasser.

Kokosblütenzucker, Kokosblütensirup und Yacondicksaft

Sehr gern arbeite ich mittlerweile auch mit diesen Süßungsmitteln. Sie haben alle einen milden, karamellartigen Geschmack und allesamt einen sehr niedrigen Glykämischen Index (GI) von 35. Das heißt, der Blutzuckerspiegel steigt beim Verarbeiten dieser Lebensmittel nur sehr langsam an und die Bauchspeicheldrüse wird geschont. Kokosblütenzucker oder -sirup wird aus dem Blütennektar von Kokospalmen gewonnen. Er enthält zahlreiche wertvolle Nähr- und Mineralstoffe wie Zink, Eisen, Magnesium, Kalium und verschiedene B-Vitamine. Er gilt auch als hochgradig antioxidatives Lebensmittel, jedoch ist er kein Rohkostprodukt.

Yacondicksaft, ein von mir favorisiertes Süßungsmittel, kann man auch in Rohkostqualität erhalten.

Stevia

Stevia ist eine gute Alternative für alle, die keinen Zucker zu sich nehmen dürfen oder wollen. Weil Stevia nicht jedermanns Sache ist, sollte man zu Beginn damit eher zurückhaltend umgehen. Nimmt man zu viel, kann der lakritzähnliche Geschmack sehr dominant und störend sein.

Meine Erfahrung mit Stevia ist, dass viele Menschen sich innerhalb kürzester Zeit so sehr daran gewöhnen, dass sie den Beigeschmack überhaupt nicht mehr als störend empfinden.

Flüssige Zutaten

Flüssigkeit dient dem Quellen einzelner Zutaten. In der Regel verwende ich reines Wasser – am liebsten basisches, das ich frisch aus meinem Filtergerät zapfe. Auch Quellwasser ist optimal. Zum Thema basisches Wasser finden Sie ausführlichere Informationen in meinem Buch »Rohköstliche Gourmet-Rezepte für Genießer« (Schirner 2011) oder auf meiner Website: www.taste-of-love.de

Gern integriere ich eine wohltuende flüssige Zutat in das Rezept eines Crackers, zum Beispiel Brottrunk, Enzymgetränk oder frisch gepressten Saft (etwa von Roter Bete oder Möhren). Die angegebene Menge Wasser wird dann entsprechend reduziert.

Zutaten für Aufstriche

Gesalzen und gepfeffert auf einen Cracker gelegt schmecken Avocados bereits köstlich. Auch eignen sie sich wunderbar als Grundlage für cremige Aufstriche, z.B. für die bekannte Guacamole.

Pürierte Zucchini ist ebenfalls eine gute Grundlage für Aufstriche, weil sie recht neutral schmeckt.

Aus Mandelmus lassen sich zahlreiche schmackhafte Aufstriche zaubern. Zu diesem Thema kann ich das wunderbare Büchlein »Zauberhafte Mandelmus-Rezepte« (Schirner 2012) meiner lieben Kollegin Britta Diana Petri sehr empfehlen!

Auch Cashewnüsse haben einen recht neutralen Geschmack und lassen sich mit Wasser zu einer ganz glatten Creme verarbeiten.

Und natürlich sind Gemüsetrester, wie z.B. von Karotte oder Roter Bete, erstklassige Grundlagen, mit denen sich schnell ein schmackhafter Brotbelag zaubern lässt.

Keimen

In diesem Buch verwende ich häufig die Begriffe »gekeimtes Getreide« bzw. »gekeimte Samen«. Daher erläutere ich an dieser Stelle kurz die Grundlagen dazu.

In den Rezepten werden verschiedene Getreidesorten, Samen oder andere Körner verwendet, die durch Keimung »zum Leben erweckt« worden sind. Beim Keimen vollziehen sich charakteristische Umwandlungsprozesse: langkettige Moleküle, z. B. von Speicherstoffen (wie Stärke), werden in kürzere Bausteine zerlegt, die leichter zu verstoffwechseln sind; Enzyme und andere Bio-Stoffe im Korn werden aktiviert, Hemmstoffe abgebaut usw. Kurz gesagt: Der Gehalt an Vitalstoffen steigt enorm an. Durch die Keimung wird das Lebensmittel Getreide noch gehalt- und wertvoller.
Beim Essenerbrot werden als Grundlage meistens die frischen, noch feuchten Keime von Dinkel (oder auch von Weizen) verwendet. Bei meinen Crackerrezepten benutze ich häufig die bereits wieder schonend (bei der für Rohkost üblichen Temperatur von maximal 42° C) getrockneten Keimlinge, die noch alle aktivierten Stoffe enthalten.

Gekeimte Körner (Dinkel, Roggen und Weizen; auch Buchweizen, Leinsamen u.v.m.) sind im gut sortierten Fachhandel erhältlich. Trauen Sie sich jedoch ruhig, selbst Körner zu keimen! Es geht ganz leicht, wenn man einige einfache Regeln beachtet.

Zwar gibt es für die Getreidekeimung spezielle Keimgläser, Keimtürme oder sogar vollautomatische »Keimfarmen«, aber für den Hausgebrauch eignet sich auch die folgende Vorgehensweise recht gut.

Getreide und Körner selbst keimen

Sehr wichtig ist das Ausgangsmaterial: Die Körner müssen natürlich keimfähig sein. Nehmen Sie also geeignete Körner Ihrer Wahl, und waschen Sie diese einmal gründlich aus. Beim Keimen ist die Wasserqualität sehr wichtig. Vermeiden Sie insbesondere chlorhaltiges Wasser – der Härtegrad spielt dagegen keine so große Rolle.

Lassen Sie das »Waschwasser« ablaufen, und geben Sie das Getreide dann wieder in ein Gefäß mit frischem Wasser. Hierin wird es eingeweicht. Die gesamte Einweichdauer sollte mindestens 4 Stunden betragen; empfohlen werden auch bis zu 8 Stunden – längere Zeiten sind jedoch nicht ratsam. Wichtig ist, dass während dieser Zeit das Wasser zwei-, besser dreimal ausgewechselt wird, z. B. anfangs nach 1 Stunde, dann noch einmal 1 Stunde später und ebenso nach weiteren 3 Stunden.

Lassen Sie die Körner jedes Mal gut abtropfen und geben Sie dann frisches Wasser zu.

Breiten Sie nach dem letzten »Waschgang« die noch feuchten Körner aus. Nun beginnt die Keimphase. Hierbei ist unbedingt darauf zu achten, dass das Getreide nicht zu schimmeln beginnt. Am besten lassen Sie die Körner großflächig ausgebreitet ankeimen. Das geht z. B. sehr gut auf einem Backblech mit Rand, aber auch auf einer großen flachen Schüssel. Für kleinere Mengen eignen sich auch die bekannten Keimgläser. In diesem Fall sollte man die Körner öfter wenden, also die Gläser mit dem Getreide rund alle 4 Stunden kurz schütteln und durchspülen.

Die ideale Temperatur zum Keimen liegt bei 18–20° C, also bei normaler Raumtemperatur. Ist es kühler, verzögert sich der Keimprozess, und die Gefahr, dass die Körner zu schimmeln anfangen, erhöht sich. Ist es zu warm, kann es zu Gärung kommen. Einige Arten keimen besser im Dunkeln (z. B. Sesam), die meisten mögen es jedoch eher hell, sogar sonnig. In letzterem Fall sollte man besonders darauf achten, dass die Keimlinge nie völlig austrocknen. Ich besprühe die Saat immer wieder vorsichtig mit einem handlichen Zerstäuber. Auch ist es vorteilhaft, die Keime vorsichtig mit der Hand zu wenden, damit die Schichten etwas durchmischt werden.

Die gesamte Keimdauer beträgt bei Weizen und Roggen ca. 36–40 Stunden, Dinkel benötigt bis zu 60 Stunden. Planen Sie das Keimen also so, dass das Ende nicht mitten in die Nacht

fällt. »Fertig« ist die Keimung, wenn die ersten Wurzeln sichtbar sind und diese etwa halb so lang (maximal gleich lang) wie das Korn selbst sind. Grüne Spitzen sollten an den Keimen noch nicht zu sehen sein, denn dann würde es sich um Sprossen und somit um ein anderes Kapitel der Rohkost handeln.

Die gekeimten Körner werden frisch verwendet (für Essenerbrote), oder man breitet sie zum Trocknen in einer dünnen Schicht aus und lässt sie im Dörrapparat durchtrocknen; erfahrungsgemäß dauert das ca. 6–8 Stunden. Völlig durchgetrocknet halten sie sich – in luftdichten Behältern aufbewahrt – mehrere Monate, und man hat praktischerweise zur Herstellung leckerster Cracker und Brote gekeimte Saat »auf Vorrat«.

Wertschätzung und Liebe

Wer meine Arbeit und meine bisher veröffentlichten Bücher bereits kennt, der weiß, dass ich großen Wert auf die Aspekte Wertschätzung und Liebe lege.
Alles ist Energie, das belegt die Wissenschaft immer deutlicher und offener denn je. Alle Erscheinungsformen sind Energie in unterschiedlicher Schwingungsfrequenz und somit in unterschiedlicher Dichte – bis hin zu dem, was wir als unsere Realität wahrnehmen und anerkennen (z. B. eine saftige Möhre, die vor uns auf einem Tisch liegt). Alles schwingt, alles lebt – und alles trägt göttliches Bewusstsein in sich. Davon ausgehend spielt es also eine große Rolle, mit welcher eigenen Energie und Haltung wir den Dingen im Alltag begegnen.

Es spielt wirklich eine Rolle, wie wir unsere Nahrung zubereiten. Es spielt eine Rolle, ob wir die Geschenke des Lebens zu schätzen wissen oder nicht.
Wer immer nur murrt und sich beklagt, kann das Schätzenswerte nicht sehen und weiß es schon gar nicht zu würdigen.
Unsere Stimmungen, unsere Gedanken und Gefühle wirken sich auf unsere Nahrung aus. Ob uns das bewusst ist und ob uns das recht ist oder nicht, spielt keine Rolle.
Ich denke, ein jeder weiß, wie unterschiedlich Essen schmecken kann, wenn es entweder mit viel Liebe und Enthusiasmus oder aber mit viel Missmut und Verachtung zubereitet wurde.

Wenn man die Wahl hat, würde man ganz selbstverständlich immer das liebe- und lustvoll zubereitete Mahl wählen – und das aus gutem Grund.

Daher gilt: Wir sollten der Zubereitung von Nahrung stets ausreichend Aufmerksamkeit widmen und darauf achten, dass nicht nur die Küche, das Handwerkszeug und die Hände sauber sind, sondern auch unser Geist sauber, bewusst, leicht und positiv ist. Auch wenn man gute Laune oder Fröhlichkeit nicht immer »herbeizwingen« kann, so hat man dennoch die Wahl, sich seiner Stimmungslage gewahr zu sein, während man seine Arbeit verrichtet. Bewusstheit und Liebe sind transformierende Elemente. Sie sind ein Schlüssel. Sie geben uns die Freiheit, unseren emotionalen Zustand, wenn nötig, auf Distanz zu halten, während wir etwas tun. Das nennt man Meditation.

Das Segnen der Zutaten und Speisen mit Liebe hat eine große Kraft. In nahezu allen Kulturen war es üblich (und ist es z.T. auch heute noch), für die Speisen zu danken und sie zu segnen, bevor man zu essen begann.

Je moderner eine Kultur ist, desto mehr scheinen diese kostbaren Rituale in Vergessenheit zu geraten. In einer Fast-Food-Kultur hat ein Gebet der Dankbarkeit und des Segnens keinen Platz mehr.

Wer die Bücher von Masaro Emoto kennt, weiß, wie kraft- und machtvoll, transformierend und heilbringend das Segnen von Wasser ist. So wie das Wasser können wir auch jede Speise segnen, ja regelrecht programmieren. Wir können unser Essen auf Gesundheit und Freude programmieren.

Herstellung rohköstlicher Cracker

Bei der Zubereitung von Crackern sind der Fantasie und den Möglichkeiten kaum Grenzen gesetzt. Man kann nach Wunsch Gemüse, Tresterreste und Kräuter sowie verschiedenste Samen, Körner und auch Nüsse zum Einsatz bringen.
Wichtig ist im Grunde immer nur, dass man eine Zutat integriert, die die Bindung des Teigs unterstützt. Sonst kann es passieren, dass die Cracker sehr bröckelig werden.
Leinsamen, Chiasaat oder Flohsamen unterstützen die Teigbindung auf hervorragende Weise (zugleich sind sie eine wohltuende Pflege für unseren Darm und daher unserer Gesundheit dienlich). Bereits eine halbe bis ganze Stunde nach der Beigabe beispielsweise von Leinsamen ist ein Teig geleeartig eingedickt und lässt sich bestens weiterverarbeiten. Ich kann jeden nur zum Experimentieren ermutigen.

Anhand des nachfolgenden Rezepts, das ich als Basisrezept bezeichnen möchte, lernen Sie mögliche Zusammenstellungen von Zutaten kennen. Sie können die einzelnen Zutaten nach Belieben austauschen und auch Mengenverhältnisse verschieben. So kann das eine Mal z. B. der Apfelanteil höher sein, das andere Mal der Karottenanteil. Sie können anstelle von Zucchini Kürbis verwenden oder statt dunklem Leinsamen Goldleinsamen.

Mahlt man den Leinsamen und auch alle anderen Zutaten klein, so wird das Endergebnis häufig ein weicher, elastischer Cracker, den man wohl eher als »Brot« bezeichnen würde. Verwendet man ganzen Leinsamen, so wird das Resultat in der Regel krosser. Auch das Untermischen von ganzen gekeimten Körnern und Samen ergibt herrlich knusprige Cracker.
Durch Gewürze und Kräuter können Sie jeder Crackersorte eine ganz eigene Geschmacksprägung geben. Bedenken Sie, dass die meisten Aromen durch das Dörren intensiver werden. Also ist beim Dosieren mitunter etwas Vorsicht angesagt. Nimmt man beispielsweise zu viel Rosmarin, können die Cracker zu bitter schmecken.

Der fertige Teig lässt sich leicht mit einem feuchten Silikonschaber auf die Antihaftmatten des Dörrgerätes auftragen. Mithilfe von Garnierformen und eines Löffels lassen sich appetitliche Formen zaubern.
Aufgrund der Bindefähigkeit beispielsweise von Leinsamen bleibt der Teig nach Abheben der Garnierform stabil und zerläuft nicht.

Sollte Ihnen einmal ein Teig zu flüssig geraten sein, lässt er sich durch einige Löffel Leinsamen, Chiasaat oder Flohsamen rasch wieder eindicken und in die benötigte Konsistenz bringen.

Die in den Rezepten angebenen Trocknungszeiten sind nur grobe Richtwerte. Genau lassen sich Trocknungszeiten nicht angeben, weil z. B. die Feuchtigkeit und Konsistenz des Teigs eine Rolle spielen, aber auch die Luftfeuchtigkeit und die Raumtemperatur. Natürlich spielt auch die Dicke, in der das Dörrgut aufgetragen wird, eine wichtige Rolle.
Und selbstverständlich ist auch das verwendete Dörrgerät ein Faktor. Die Zeitangaben in meinem Buch beziehen sich in der Regel auf den »Excalibur«.

Man kann die Cracker noch leicht feucht aus dem Dörrgerät holen und sie dann wie feuchtes Brot verwenden. Sie erinnern mich dann manchmal an Pumpernickel. Alternativ trocknet man die Cracker vollkommen durch; dann sind sie bei luftdichter und lichtgeschützter Lagerung wochen-, ja sogar monatelang haltbar.
Allerdings sollten Sie darauf achtgeben, dass die im Crackerteig verwendeten Keimsaaten bzw. Nüsse nicht ranzig werden. Ich rate Ihnen deswegen, lieber keine zu großen Vorräte anzulegen und öfter frische Cracker herzustellen.

Feuchte Cracker müssen innerhalb von 1–2 Wochen verbraucht und zudem unbedingt kühl und luftdicht gelagert werden – sonst besteht die Gefahr, dass sie verschimmeln.

TRUST

Herstellung von Essenerbrot

Essenerbrot herzustellen, ist recht einfach. Und es bereitet große Freude, weil man beim Prozess des Herstellens Zeuge der puren Lebendigkeit und Lebenskraft ist, die dieses Brot verkörpert.

Was ist Essenerbrot eigentlich?

Man kennt es als gedörrtes oder gebackenes Brot aus angekeimtem Getreide. In meinen Rezepten geht es allein um die gedörrte, also die vitalstoffreiche rohköstliche Variante.

Ideal ist es, wenn dieses Brot in der Sonne getrocknet wird, was in unseren Breitengraden leider nur in sehr guten Sommern möglich ist. Aber auch im Dörrgerät bei einer Temperatur von maximal 42° C ist das Resultat ein Vitalbrot höchster Güteklasse.

Der Herstellungsprozess beginnt mit dem Ankeimen der gewählten Getreidesorte. Das angekeimte Getreide wird dann in einem Fleischwolf oder einer Küchenmaschine zu einem kompakten Brei zermahlen. Je nach Wunsch können Sie dabei Salz oder weitere Zutaten, wie beispielsweise Kräuter, etwas Öl oder Gewürze, hinzufügen. Formen Sie aus dem fertigen Teig kleine Fladen oder andere gewünschte Formen, und trocknen Sie diese. Und schon ist Ihr Essenerbrot fertig.

Diese Brote sind, wenn sie gut durchgetrocknet in einer fest verschließbaren Box kühl und dunkel gelagert werden, über ein Jahr haltbar und verlieren kaum an Wertigkeit.
Man kann sich also durchaus auch einen Vorrat für Zeiten schaffen, in denen man vielleicht weniger Zeit für die Herstellung von frischem Brot hat – oder für längere Reisen. Doch je frischer das Brot verzehrt wird, desto besser.

Welche Getreidesorten eignen sich?

Weizen, Roggen, Dinkel, Kamut, Nacktgerste, Nackthafer, Einkorn und Emmer (Zweikorn) sowie die glutenfreien Pseudogetreide Buchweizen, Quinoa und Amarant.

Zubereitung von Essenerbrot

1. Ankeimen des Keimgutes (siehe S. 41)

2. Herstellen des Brotteigs

Verarbeiten Sie das gekeimte Getreide in der Küchenmaschine, im Standmixer (z. B. »Vitamix«) oder mit dem Fleischwolf zu einer dicken Teigmasse.
Achten Sie bei der Verwendung eines Standmixers darauf, dass Sie gerade so viel Wasser hinzugeben, dass der Teig unten nicht verklumpt, damit sich der Standmixer nicht wegen Überlastung abschaltet. Ich persönlich bevorzuge die Küchenmaschine aufgrund ihres breiten Gefäßes.

Wenn Sie die Masse grob zerkleinert haben, können Sie nach Wunsch Gewürze, Kräuter oder Olivenöl beigegeben. Verarbeiten Sie dann alle Zutaten zu einem glatten Brotteig. Mithilfe eines Fleischwolfs können Sie einen besonders feinen Teig herstellen.

3. Die Brote formen und dörren

Formen Sie aus dem Teig Kugeln, drücken Sie diese auf die Antihaftmatte des Dörrgerätes, und formen Sie sie dann zu flachen, runden Brotscheiben.
Sollte der Teig doch einmal zu weich oder zu klebrig geraten sein, dann setzen Sie mit einem Löffel Kleckse auf die Matten und verstreichen Sie diese mit einem feuchten Silikonschaber zu flachen Brotscheiben.
Die schnellstmögliche Variante – bei einem eher weichen Teig: Streichen Sie die Masse so dünn wie möglich mit dem Silikonschaber auf die Antihaftmatten, und brechen Sie sie nach dem Trocknen einfach in grobe Stücke.
Lassen Sie das Essenerbrot über Nacht im Dörrgerät trocknen. Wenden Sie es am nächsten Morgen, und lassen Sie es dann so lange trocknen, bis es ganz und gar durchgetrocknet ist. (Es muss wie ein Knäckebrot knacken, wenn Sie es brechen!)

4. Aufbewahrung

Bewahren Sie das fertige Essenerbrot in luftdichten Behältern auf, und lagern Sie es möglichst lichtgeschützt und kühl.

Rezepte – Cracker

Basisrezept für pikante Cracker

vegan, glutenfrei

Zutaten für ca. 2 Dörrmatten mit Crackern

Teil 1

125 g	Apfel, entstielt, entkernt und grob zerkleinert
200 g	Zucchini, entstielt und grob zerkleinert
100 g	Karotte, grob zerkleinert
½ l	Wasser
4 EL	Ume Su (oder 1 Prise Salz)
50 g	dunkler Leinsamen, gemahlen
100 g	gekeimte Kürbiskerne
50 g	gekeimte Sonnenblumenkerne

Teil 2

4 EL	dunkler Leinsamen, ganz
70 g	Goldleinsamen, ganz
2 EL	gekeimter Sesam

Eine verschwenderische Portion Liebe und Übermut

Nach persönlichem Geschmack können hinzugefügt werden:
frische Kräuter (z. B. Thymian, Rosmarin, Liebstöckel)
Gewürze (z. B. Paprikapulver, Currypulver, Chilipulver)

Geben Sie die Zutaten von Teil 1 in den Standmixer, und pürieren Sie sie zu einer cremigen Masse. Mischen Sie anschließend die Zutaten von Teil 2 von Hand unter.

Tragen Sie die Crackermasse auf die Antihaftmatten auf. Unterteilen Sie mit einem Teigschaber die Teigfläche in Segmente, damit Sie sie hinterher gut in gleichmäßig große Stücke zerbrechen können.

Lassen Sie den aufgetragenen Teig im Dörrgerät für rund 8–10 Stunden trocknen. Wenden Sie den Teig, sobald das möglich ist, lassen Sie ihn weitere 5–10 Stunden lang trocknen, bis die Cracker die gewünschte Konsistenz haben.

Dinkel-Essenerbrot

vegan, glutenarm

Zutaten für 1–2 Dörrmatten mit Essenerbrot

400 g	gekeimter Dinkel
1 TL	Meersalz
etwas	Wasser
2 EL	Olivenöl, extra nativ
etwas	Sesam zur Dekoration

Eine große Portion Liebe und Offenheit

Keimen Sie die Dinkelkörner vor, und verarbeiten Sie sie im feuchten Zustand weiter (siehe Zubereitung Essenerbrot S. 51). Köstlich sieht es aus, wenn Sie die Brote vor dem Dörren zur Dekoration mit schmackhaftem Sesam bestreuen.

Das Dinkel-Essenerbrot ist ein sehr neutral schmeckendes Brot, dessen Konsistenz an festes Knäckebrot erinnert. Sie können es z. B. mit pikanten Cremes oder Avocado (mit Pfeffer und Salz bestreut) belegen.

Leckere Kekse, z. B. für die Kaffeestunde am Nachmittag, erhalten Sie, wenn Sie dieses Brot mit festem Kokosöl bestreichen (wie mit Butter) und darauf etwas Manuka-Honig auftragen.

Hafer-Buchweizen-Essenerbrot

vegan, glutenarm

Zutaten für 1–2 Dörrmatten mit Essenerbrot

280 g	gekeimter Nackthafer
120 g	gekeimter Buchweizen
1 TL	Meersalz
etwas	Wasser
2 EL	Olivenöl, extra nativ
etwas	Sesam und Mohn zur Dekoration

Eine große Portion Liebe und Gesundheit

Keimen Sie die Getreidekörner vor, und verarbeiten Sie sie dann im feuchten Zustand weiter (siehe Zubereitung Essenerbrot S. 51).
Köstlich sieht es aus, wenn Sie die Brote vor dem Dörren zur Dekoration mit Sesam und Mohn bestreuen.

Das Hafer-Buchweizen-Essenerbrot ist ein sehr neutral schmeckendes Brot, dessen Konsistenz an festes Knäckebrot erinnert. Auch dieses Brot können Sie mithilfe von festem Kokosöl und Manuka-Honig in leckere Kekse verwandeln.

»Geschenk des Walnussbaums«
Walnuss-Buchweizen-Sesam-Cracker

vegan, glutenfrei

Zutaten für ca. 2 Dörrmatten mit Crackern

Teil 1

100 g	Walnusskerne (6–8 Stunden einweichen lassen)
130 g	Lauchringe (6–8 Stunden einweichen lassen)
½ l	Wasser
2 TL	Salz
8	getrocknete Aprikosen (2–4 Stunden einweichen lassen)
200 g	Zucchini, entstielt und grob zerkleinert
50 g	gekeimter Buchweizen

Teil 2

3 geh. TL	Flohsamen
60 g	gekeimter schwarzer Sesam

Eine große Portion Liebe und Leichtigkeit

Geben Sie alle Zutaten von Teil 1 in den Standmixer, pürieren Sie sie, und füllen Sie sie dann in eine Schüssel. Fügen Sie die restlichen Zutaten hinzu, und rühren Sie sie unter.

Tragen Sie den Teig in Formen oder flächig auf die Antihaftmatten auf, und unterteilen Sie den Teig mit einem Teigschaber in Segmente.

Lassen Sie den Teig für ca. 8–10 Stunden trocknen, wenden Sie ihn dann, und lassen Sie ihn weitere 6–12 Stunden lang bis zur gewünschten Konsistenz trocknen.

Die Cracker schmecken sowohl in noch leicht feuchter Konsistenz als auch durchgetrocknet sehr lecker.

»Chippolinos« Zwiebel-Oliven-Knuspercracker

vegan, glutenfrei

Zutaten für ca. 2 Dörrmatten mit Knuspercrackern (auf eine Dörrmatte passen ca. 36 runde Taler im Durchmesser von 5 cm oder ca. 64 kleine Dreiecke)

110 g	sonnengetrocknete rote Oliven, entkernt
100 g	Schalotte, geschält und grob zerkleinert
1	kleine Knoblauchzehe, geschält (ca. 1 g)
200 g	gekeimter Buchweizen
100 g	gekeimte Sonnenblumenkerne
5 El	Goldleinsamen, ganz
2 EL	Yaconsirup
1–2 MSP	Lemongraspulver
400 ml	Wasser
1 Prise	getrockneter, gerebelter Thymian
1 TL	Salz

Eine Extraportion Liebe und Optimismus

Füllen Sie die Schalotte, die Oliven, die Knoblauchzehe, den Buchweizen und die Sonnenblumenkerne in die Küchenmaschine, und pürieren Sie alles. Fügen Sie dann die restlichen Zutaten hinzu, und häckseln Sie alles fein.

Tragen Sie die zähflüssige Masse mithilfe einer Ringform in runden Talern auf die Antihaftmatten der Dörrschubladen

auf – oder tragen Sie den Teig großflächig auf, und unterteilen Sie ihn mit einem Teigschaber in beispielsweise dreieckige Segmente.

Lassen Sie die Knuspercracker für 12–15 Stunden trocknen, und wenden Sie sie dann. Lassen Sie ihn weitere 3–10 Stunden lang trocknen – je nach gewünschter Konsistenz. Nach etwa 3–4 Stunden haben die Chippolinos eine weiche, brotartige Konsistenz. Wenn Sie sie ganz austrocknen lassen, bekommen sie einen angenehmen, festen Biss.

»Simply Cracker«
Leinsaat-Hanf-Buchweizen-Cracker

vegan, glutenfrei

Zutaten für 2–3 Dörrmatten mit Crackern

Teil 1

400 ml	Wasser
30 g	gekeimter Buchweizen
150 g	gelbe Zucchini, entstielt und grob zerkleinert
6 EL	Ume Su (oder ½ TL Salz)
100 g	dunkler Leinsamen, gemahlen
1 EL	Yacondicksaft (oder Dattelpaste)

Teil 2

100 g	Goldleinsamen, ganz
30 g	gekeimter Buchweizen, ganz
50 g	gekeimter Hanfsamen, ganz

Eine große Portion Lebenslust und Liebe

Geben Sie alle Zutaten von Teil 1 in den Standmixer, und verarbeiten Sie sie zu einem Brei. Rühren Sie anschließend die Zutaten von Teil 2 gründlich von Hand unter, damit die Körner und Saaten ganz bleiben.

Lassen Sie den Teig ungefähr 1 Stunde lang stehen, damit er durch den Leinsamen gut andickt.

Tragen Sie die fertige Teigmasse in gewünschter Dicke auf die Antihaftmatten der Dörrschubladen auf. Je dünner Sie den Teig auftragen, desto knuspriger werden die Cracker.
Lassen Sie den Teig für 10–15 Stunden trocknen, wenden Sie ihn dann, und lassen Sie ihn weitertrocknen – Dauer je nach gewünschter Konsistenz. Schauen Sie nach 3–4 Stunden nach, ob die Cracker trocken sind.

»Duft der Macchia« Tomatencracker

vegan, glutenfrei

Zutaten für 3 Dörrmatten mit Crackern
(mit jeweils 9 runden Talern im Durchmesser von 10 cm)

100 g	Goldleinsaat (über Nacht in 400 ml Wasser einweichen lassen)
100 g	gekeimte Chiasaat
100 g	gekeimte Kürbiskerne
50 g	gekeimte Sonnenblumenkerne
½ TL	Gewürzmischung »Duft der Macchia« (von Herbaria)
3 EL	Ume Su
250 g	frische Tomate, ohne Strunk, grob zerkleinert
2 EL	getrocknete Tomaten, fein geschnitten (ca. 20 g)
25 g	Medjool-Datteln, fein geschnitten
200 ml	Wasser

Einen Schwung Liebe und Lachen

Weichen Sie die getrockneten Tomatenstücke 1 Stunde lang in 100 ml Wasser ein. Geben Sie die Gewürzmischung, das Ume Su, die frischen und die getrockneten Tomaten sowie die Datteln in den Standmixer, und pürieren Sie alles zu einer cremigen Masse.

Vermengen Sie diese dann in einer Schüssel gründlich mit den restlichen Zutaten. Spülen Sie mit den übrigen 100 ml Wasser den Standmixer aus, und fügen Sie die Flüssigkeit anschließend der Teigmasse hinzu.

Tragen Sie nun den Teig in gewünschter Form auf die Antihaftmatten auf – je dünner, desto krosser werden die Cracker. Wenn Sie den Teig dicker auftragen und nicht vollkommen durchtrocknen, erhalten Sie ein schmackhaftes Brot.

Lassen Sie den Teig für ca. 7–10 Stunden trocknen, wenden Sie ihn dann, und lassen Sie ihn weitertrocknen – je nach gewünschter Konsistenz 5–10 Stunden lang.

Tipp

Bestreuen Sie die feuchten Taler vor dem Dörren mit gekeimten Buchweizenkörnern oder mit essbaren Blüten, z. B. von Ringelblume oder Färberdistel.

Pittabrot »Lebenslustiger Grieche«

vegan, glutenfrei

Zutaten für ca. 3 Dörrmatten mit kleinen Pittabroten

Teil 1

100 g	gekeimter heller Sesam
150 g	Apfel, entstielt, entkernt und grob gewürfelt
150 g	Zucchini, entstielt und grob gewürfelt
1–2	Knoblauchzehen, geschält und gehackt
1	mittelgroße rote Zwiebel, geschält und grob gewürfelt
120 g	grüne Oliven, entkernt
2 EL	Olivenöl, extra nativ
1 EL	Paste/Sirup von grünen Rosinen
1 EL	frische Rosmarinnadeln, fein gehackt
2 MSP	Kreuzkümmel, gemörsert
2 MSP	schwarzer Pfeffer aus der Mühle
1 MSP	Fenchelsamen, gemörsert
400 ml	Wasser

Teil 2

150 g	Goldleinsaat, ganz
150 g	gekeimter Buchweizen, ganz

Eine Portion Liebe und Lebenslust

Füllen Sie die Zutaten von Teil 1 in den Standmixer, und pürieren Sie alles. Rühren Sie anschließend von Hand gründlich die

Zutaten von Teil 2 unter. Lassen Sie die Masse nun für ca. 15 Minuten stehen, damit sie durch die Leinsaat andickt.

Geben Sie esslöffelweise einzelne Teigkleckse in eine ovale oder runde Dekorierform. Lassen Sie die Pittabrote für ca. 6–10 Stunden trocknen, bis sie sich gut wenden lassen. Lassen Sie sie nach dem Wenden weitere 4–12 Stunden lang bis zur gewünschten Konsistenz trocknen.

»Grenzenlose Wertschätzung« Essener-Rosmarin-Herzen

vegan, glutenarm

Zutaten für ca. 19 Herzen (etwa 9 x 8 cm)

300 g	gekeimter Dinkel
200 ml	Wasser
1–2 TL	Meersalz
2 EL	Zitronen-Olivenöl, extra nativ
2 EL	frische Rosmarinnadeln (ca. 8 g)
¼ TL	Lemongraspulver
3 TL	Rosinenpaste
	Knoblauchgranulat (Menge nach Wunsch)
80 g	gekeimter Buchweizen, ganz

Eine verschwenderische Portion Liebe und Zärtlichkeit

Wenn Sie frisch gekeimten, noch feuchten Dinkel verwenden, benötigen Sie weniger Wasser beim Zerkleinern in der Küchenmaschine. Der Teig sollte nicht zu klebrig werden.

Verfahren Sie mit den Zutaten wie in der Grundzubereitung auf S. 51 beschrieben, und setzen Sie anschließend Fladenbrote in Herzform auf die Antihaftmatten der Dörrschubladen.

Lassen Sie die Herzen so lange trocknen, bis Sie sie einfach wenden können (ca. 8–14 Stunden lang). Wenden Sie die Herzen, und lassen Sie sie gut durchtrocknen (einige Stunden lang).

»Glücksmomente« Hafer-Leinsaat-Brot

vegan, glutenfrei

Zutaten für 3 Dörrmatten mit ca. 48 Brotquadraten

Teil 1

200 g	gekeimter Nackthafer
85 g	Rote Bete, geschält und gewürfelt
220 g	Apfel, entstielt, entkernt und gewürfelt
1 TL	Korianderpulver
1 TL	Kurkumapulver
1 TL	Kreuzkümmelpulver (Cuminpulver)
1 TL	Knoblauchgranulat
1–2 TL	Salz
3 TL	Yaconsirup oder Dattelpaste
2 EL	Tamari
600 ml	Wasser

Teil 2

120 g	gekeimte Kürbiskerne
100 g	gekeimte Sesamsamen
150 g	Goldleinsamen

Reichlich Liebe und Großzügigkeit

Füllen Sie die Zutaten von Teil 1 in die Küchenmaschine, und pürieren Sie alles zu einem sämigen Brei. Füllen Sie diesen in eine Schüssel, und rühren Sie von Hand die Zutaten von Teil 2 gründlich unter.

Streichen Sie den Teig auf die Antihaftmatten, und unterteilen Sie ihn mit dem Teigschaber in quadratische Segmente.

Lassen Sie den Teig für 6–8 Stunden trocknen, und wenden Sie ihn dann. Lassen Sie ihn anschließend weitere 4–8 Stunden lang bis zur gewünschten Konsistenz trocknen.

»Happy Happy Life« Sesam-Leinsaat-Tomatenbrote

vegan, glutenfrei

Zutaten für ca. 35 runde Cracker im Durchmesser von ca. 10 cm

Teil 1

80 g	getrocknete Tomate (in 500 ml Wasser einweichen lassen)
350 g	reife Fleischtomate, ohne Strunk, grob gewürfelt (z. B. Berner Rose oder Ochsenherz)
1	kleine rote Zwiebel, geschält und gewürfelt (ca. 20 g)
130 g	Goldleinsamen, geschrotet
4–5	kleine Knoblauchzehen, geschält und geschnitten (5 g)
2 EL	Olivenöl (z. B. Salbei-Knoblauch-Olivenöl)
1 EL	Meersalz
	schwarzer Pfeffer frisch aus der Mühle
1 Prise	Zimt
1 EL	Kokosblütenzucker
2 EL	Nährhefe

Teil 2

80 g	gekeimter heller Sesam
80 g	gekeimter schwarzer Sesam

Eine sehr große Portion Liebe und Wachheit

Zur Dekoration: Kirschtomatenscheibchen

Füllen Sie die Zutaten von Teil 1 in den Vitamix, und pürieren Sie alles. Mischen Sie dann die Zutaten von Teil 2 mit einem Löffel unter.

Tragen Sie den Teig mithilfe runder Garnierformen auf die Antihaftmatten auf. Zur Dekoration können Sie auf jeden Teigklecks z. B. 1–3 Kirschtomatenscheibchen auflegen.

Lassen Sie die Tomatenbrote für rund 10–12 Stunden trocknen, wenden Sie sie dann, und lassen Sie sie weitere 6–10 Stunden lang trocknen.

Leicht feucht lassen sich aus diesen Tomatenbroten mit einer Creme köstliche Sandwiches zaubern. Beachten Sie aber bei noch leicht feuchten Broten, dass sie höchstens 1–2 Wochen haltbar sind und kühles, lichtgeschütztes Lagern wichtig ist.

»Hot Hot Hot«
Feurig-krosse Chilicracker

vegan, glutenfrei

Zutaten für ca. 3 Dörrmatten mit Crackern

150 g	Apfel, entstielt, entkernt und in Stücke geschnitten
350 ml	Wasser
5–7 TL	scharfe Peperonicreme (z. B. »Crema di Peperoncino«)
100 g	Tomate, ohne Strunk, in Stücke geschnitten
350 g	Goldleinsaat, ganz
100 g	gekeimter heller Sesam
4 EL	Ume Su (oder etwas Meersalz)
4 EL	Dattelpaste

Eine verschwenderische Portion Liebe und Achtsamkeit

Pürieren Sie den Apfel und die Tomate gemeinsam mit dem Wasser, der Peperonicreme, dem Ume Su und der Dattelpaste fein. Füllen Sie diese feurige Flüssigkeit in eine Schüssel, und mischen Sie die restlichen Zutaten mit einem Löffel unter. Lassen Sie nun alles ca. ½ Stunde lang quellen.

Tragen Sie die geleeartige Teigmasse anschließend so fein wie möglich auf die Antihaftmatten der Dörrschubladen auf, und unterteilen Sie sie mit einem Teigschaber in Segmente (z. B. lassen sich spitze Dreiecke dekorativ in Aufstriche hineinstecken).

Lassen Sie die Chilicracker für ca. 6–8 Stunden trocknen, wenden Sie sie dann, und lassen Sie sie anschließend so lange dörren, bis sie vollkommen durchgetrocknet sind (ca. 4–8 Stunden lang).

»Poppy«
Sterncracker mit Buchweizen und Mohn

vegan, glutenfrei

Zutaten für ca. 12 große Sterncracker
(im Durchmesser von 14 cm)

100 g	gekeimter Buchweizen, ganz
100 g	»Purple Corn«-Mehl (Mehl vom »Blauen Mais«)
120 g	Goldleinsamen
80 g	Blaumohn
10 g	Flohsamen
3 EL	Ume Su
3 TL	Dattelpaste
600 ml	Wasser
etwas	weißer Mohn und Blaumohn zum Dekorieren

Eine gehörige Portion Liebe und glückliches Lachen

Vermengen Sie in einer Schüssel von Hand alle Zutaten gründlich miteinander, und lassen Sie die Masse dann ungefähr ½–1 Stunde lang quellen.

Verstreichen Sie die Teigmasse gleichmäßig auf den Antihaftmatten der Dörrschubladen, oder füllen Sie esslöffelweise Teig in Dekorierformen (große Sterne sehen sehr ansprechend aus).

Bestreuen Sie die Sterne dekorativ mit weißem Mohn und Blaumohn.

Lassen Sie die Mohnsterne für ca. 6–8 Stunden trocknen, und wenden Sie sie, sobald sie sich gut ablösen lassen. Trocknen Sie sie anschließend weitere 4–10 Stunden lang bis zur gewünschten Konsistenz.

Die Mohnsterne schmecken recht neutral und eigenen sich deshalb sowohl für pikante als auch für süße Beläge.

»Happy Ganesha« Currycracker

vegan, glutenfrei

Zutaten für ca. 2 Dörrmatten mit Crackern

150 g	Apfel, entstielt, entkernt, grob zerkleinert
200 g	Zucchini, entstielt und grob zerkleinert
100 g	Karotte, grob gewürfelt
2	geschälte vollreife Bananen (ca. 130 g)
500 ml	Wasser
4 EL	Ume Su (oder Salz nach Wunsch)
50 g	dunkler Leinsamen, gemahlen
2 geh. EL	gekeimte Chiasaat
70 g	Goldleinsamen, ganz
100 g	gekeimte Kürbiskerne
50 g	gekeimte Sonnenblumenkerne
2–3 geh. TL	Curry (z. B. »Farben von Jaipur« von Herbaria)

Eine verschwenderische Portion Liebe und Übermut

Geben Sie die Zutaten in den Standmixer, und pürieren Sie alles zu einer cremigen Masse.

Tragen Sie die Crackermasse auf die Antihaftmatten der Dörrschubladen auf. Unterteilen Sie mit einem Teigschaber die Teigfläche in Segmente, damit sie sich nach dem Trocknen leicht in gleichmäßige Stücke brechen lässt.

Lassen Sie die Cracker für 8–10 Stunden trocknen. Wenden Sie sie, sobald es möglich ist, und lassen Sie sie für weitere 5–6 Stunden bis zur gewünschten Konsistenz trocknen.

»Hola« Tortillas

vegan, glutenfrei

Zutaten für 2–3 Dörrmatten mit je 2–4 Fladen

2	rohe Maiskolben (ggf. gefroren)
½ l	Wasser
je 1 TL	Salz und Paprikapulver
1–2 TL	»Mapuche-Feuer« (von Herbaria)
3–4	Kirschtomaten
2 EL	Olivenöl, extra nativ
2 EL	Flohsamen
1–2 Spritzer	Tabasco
einige	Chilifäden zur Dekoration

Eine Schöpfkelle voll Liebe und Glück

Schneiden Sie von den Maiskolben mit einem scharfen Messer die Körner ab, und pürieren Sie sie mit dem Wasser. Geben Sie die restlichen Zutaten hinzu, und pürieren Sie alles. Schmecken Sie anschließend mit »Mapuche-Feuer« und Paprikapulver ab.

Tragen Sie die zähflüssige Masse in Ihrer Wunschform (z. B. kreisförmig) auf die Antihaftmatten auf, und dekorieren Sie sie mit Chilifäden.

Lassen Sie die Tortillas für ca. 5–7 Stunden trocknen, bis sie sich leicht von der Matte lösen lassen. Wenden Sie sie dann, und lassen Sie sie weitere 4–7 Stunden lang trocknen.

Die Tortillas sollten geschmeidig bleiben, damit sie noch gut gerollt werden können.

Wenn Sie die Tortillas aus ganz frischem Mais zubereiten, sollten Sie sie bald verzehren, weil sie leicht bitter werden, wenn sie länger liegen bleiben.

Wenn Sie Tortillas auf Vorrat herstellen möchten, empfehle ich Ihnen, gefrorenen rohen Mais aufzutauen und zu verwenden. Die so hergestellten Tortillas werden nicht so rasch bitter und können länger gelagert werden.

»Zen« Tamari-Cracker

vegan, glutenfrei

Zutaten für 2–3 Dörrmatten mit Crackern

175 g	Goldleinsaat, ganz
70 g	gekeimte Kürbiskerne, ganz
50 g	gekeimter schwarzer Sesam, ganz
50 g	Speisehanfsamen, geschält
2 EL	Flohsamen
2 EL	geröstetes Sesamöl (optional, keine Rohkostzutat)
25 ml	Tamari
300 ml	Wasser

Vermengen Sie alle Zutaten gründlich von Hand in einer Schüssel. Lassen Sie die Masse anschließend quellen, bis sie eine geleeartige Konsistenz hat.

Verstreichen Sie die Masse in der gewünschten Dicke auf den Antihaftmatten, und unterteilen Sie sie mit dem Teigschaber in Segmente. Schmale Dreiecke passen gut, wenn Sie diese Cracker »asiatisch« präsentieren wollen.

Schieben Sie die Cracker für rund 6–8 Stunden in das Dörrgerät, und wenden Sie sie, sobald sie sich gut von den Matten lösen lassen. Trocknen Sie sie dann weitere 4–8 Stunden lang bis zur gewünschten Konsistenz.

Diese Cracker haben ein recht intensives Aroma. Wenn Sie sie milder gestalten wollen, können Sie die Menge des Tamari nach Gutdünken reduzieren.

»Fröhliche Piroschka« Sauerkrautcracker

vegan, glutenfrei

Zutaten für ca. 3–4 Dörrmatten mit runden Crackern

Teil 1

200 g	frisches Sauerkraut
500 ml	Rote-Bete-Saft
40 g	Chiasaat
200 g	frische, reife Ananas, grob gewürfelt
1 TL	Korianderpulver
1 TL	Kreuzkümmel, ganz
3 EL	Ume Su

Teil 2

100 g	gekeimter Buchweizen, ganz
100 g	gekeimte Kürbiskerne, ganz
80 g	gekeimte Sonnenblumenkerne, ganz
70 g	Goldleinsaat

Eine Riesenportion Liebe und innerer Frieden

Für die Dekoration: dünne Ananasstücke

Geben Sie die Zutaten von Teil 1 in den Standmixer, und pürieren Sie alles zu einem Brei. Füllen Sie diesen anschließend in eine Schale.

Geben Sie die Zutaten von Teil 2 hinzu, und mischen Sie alles von Hand durch. Lassen Sie den Brei eine knappe ½ Stunde andicken.

Setzen Sie die Masse esslöffelweise mithilfe eines Garnierrings von 7,5 cm Durchmesser auf die Antihaftmatten der Dörrschubladen, und legen Sie auf jeden Cracker als Dekoration ein Stück Ananas.

Schieben Sie die Cracker für rund 6–8 Stunden ins Dörrgerät, und wenden Sie sie, sobald sie sich gut von den Matten lösen lassen. Lassen Sie sie dann weitere 4–8 Stunden lang trocknen, bis zur gewünschten Konsistenz.

»Wellness pur«
Paprika-Tomaten-Kürbis-Cracker

vegan, glutenfrei

Zutaten für ca. 3–4 Dörrmatten mit Crackern

250 g	Tomate, ohne Strunk, in Stücke geschnitten
250 g	rote Paprika, entkernt und in Stücke geschnitten
100 g	Apfel, entstielt, entkernt und in Stücke geschnitten
350 ml	Wasser
350 g	Goldleinsaat, ganz
3 EL	gekeimte Chiasaat
100 g	gekeimter heller Sesam
150 g	gekeimte Kürbiskerne, ganz
4 EL	Ume Su (oder etwas Meersalz)

Eine großzügige Portion Liebe und Gesundheit

Geben Sie die Tomaten, die Paprika und den Apfel zusammen mit dem Wasser und dem Ume Su in den Standmixer, und pürieren Sie alles fein.

Mischen Sie die restlichen Zutaten von Hand unter, und lassen Sie den Teig für ca. ½ Stunde quellen.

Verstreichen Sie ihn dünn auf den Antihaftmatten der Dörrschubladen auf, und unterteilen Sie ihn mit einem Teigschaber in Segmente.

Lassen Sie die Cracker für ca. 6–10 Stunden trocknen, wenden Sie sie dann, und lassen Sie sie weitere 4–10 Stunden lang dörren, bis sie vollkommen durchgetrocknet sind.
Diese Cracker schmecken herrlich aromatisch und knusprig.

Tipp

Variieren Sie den Teig auch einmal, indem Sie verschiedene Kräuter oder Pizzawürze beigeben.

»Early Bird« Stevia-Zimt-Frühstückscracker

vegan, glutenfrei

Zutaten für ca. 2–3 Dörrmatten mit zarten Crackern

250 g	Goldleinsaat
700–725 ml	Wasser
Saft von 1	Zitrone
2 TL	»Ginger & Bread« (Gewürzmischung von Herbaria)
1–4 TL	Stevia Groovia
2 EL	rohes Kakaopulver
1 Prise	Salz
½ TL	Vanillepulver (oder 1 Vanilleschote auskratzen)
2 EL	Kokosmehl

Eine verschwenderische Portion Liebe und Vertrauen

Geben Sie die Zutaten in eine Schüssel, und vermischen Sie sie gründlich von Hand. Lassen Sie den Brei für 2–3 Stunden durchziehen, damit er andickt.

Streichen Sie die geleeartige Teigmasse so dünn wie möglich auf die Antihaftmatten.

Lassen Sie die Cracker ca. 6–10 Stunden lang trocknen, und wenden Sie sie anschließend. Lassen Sie sie dann vollkommen durchtrocknen.

Diese Cracker sind wundervoll knusprig – und je dünner sie sind, desto leckerer finde ich sie.

Tipp (fürs Frühstück oder als kleiner Energiesnack)

Bestreichen Sie die Cracker mit einer gut verrührten Mischung aus Mandelmus, Stevia und Zimt.

Rezeptvariation

Mischen Sie 2–4 EL gekeimte Kürbiskerne unter die Teigmasse.

»Flower Power« Apfel-Zitronen-Bananen-Frühstücksblumen

vegan, glutenfrei

Zutaten für 2–3 Dörrmatten

mit ca. 30 Blumenformen (à 12 cm Durchmesser)

Teil 1

150 g	Apfel, entstielt, entkernt und grob zerkleinert
250 g	geschälte reife Banane, grob zerkleinert
1	Zitrone, filetiert
250 ml	Wasser
2 geh. EL	gekeimte Chiasaat
2 geh. EL	Macapulver
1 gestr. TL	rohes Vanillepulver
4 EL	Paste von grünen Rosinen

Teil 2

100 g	gekeimte Buchweizenkörner, ganz
100 g	gekeimte Sesamsaat, ganz
25 g	gekeimte Hanfkörner, ganz

weiße oder farbige Kokosflocken zum Dekorieren

Blütenpulver zum Dekorieren

Eine himmlische Portion Liebe und Abenteuerlust

Geben Sie die Zutaten von Teil 1 in den Standmixer, und pürieren Sie sie. Füllen Sie dann alles in eine Schüssel, und mischen Sie von Hand die Zutaten von Teil 2 unter.

Setzen Sie nun esslöffelweise mithilfe einer entsprechenden Dekorierform Blüten auf die Antihaftmatten. Bestreuen Sie die Blüten mit Kokosflocken oder Blütenpulver.
Lassen Sie die Frühstücksblumen für ca. 6–12 Stunden trocknen, bis sie sich leicht wenden lassen. Wenden Sie sie dann, und lassen Sie sie weitere 4–8 Stunden lang trocknen, bis zur gewünschten Konsistenz.

Tipp

Für die Teestunde am Nachmittag können Sie die Blumen mit etwas Mandelmus bestreichen und einen Klecks Honig oder Palmsirup daraufsetzen – köstlich!

Rezepte – Aufstriche

»Hurra, der Frühling ist da!« Avocado-Mandel-Bärlauch-Creme

vegan, glutenfrei

Zutaten

1	gut gereifte Avocado, ohne Kern und Schale
1 Handvoll	frischer junger Bärlauch (ca. 6 g)
1 Prise	Salz
1 Spritzer	Zitronensaft
	schwarzer Pfeffer aus der Mühle (optional)
1 TL	Mandelöl
1 EL	Mandelmus

Eine Portion Liebe und Überschwang

Waschen Sie den Bärlauch gründlich, schütteln Sie ihn gut trocken, und schneiden Sie ihn in Streifen.
Geben Sie dann alle Zutaten in den Multizerkleinerer, und pürieren Sie sie zu einer Creme.
Schmecken Sie mit Zitrone, Pfeffer und Salz ab.
Füllen Sie den Aufstrich in ein Servierschälchen, oder tragen Sie ihn direkt auf die Cracker (z. B. »Geschenk des Walnussbaums«) auf.

Dekorieren Sie abschließend mit Bärlauchblättchen.

Sie sollten diese Creme möglichst noch am Herstellungstag verbrauchen. Dann schmeckt sie am allerbesten, und der Bärlauchgeschmack wird nicht zu dominant.

Tipp

Verwenden Sie ganz jungen, gerade sprießenden Bärlauch. Dieser hat ein wundervolles Aroma, das an eine Mischung aus wildem Schnittlauch und jungem Knoblauch erinnert.

»Sonnenschein« Aufstrich mit gekeimten Sonnenblumenkernen

vegan, glutenfrei

Zutaten

100 g	gekeimte Sonnenblumenkerne
2 EL	Olivenöl, extra nativ
3 EL	Wasser
2	vollreife Tomaten, ohne Strunk, geviertelt (ca. 130 g)
1	Schalotte, geschält und grob gehackt (ca. 25 g)
1	kleine Knoblauchzehe, geschält und gepresst
1 TL	Meersalz oder Steinsalz
½ TL	edelsüßes Paprikapulver
	schwarzer Pfeffer frisch aus der Mühle (optional)
Saft von ½	Zitrone
1–2 TL	Melasse Würz-Hefeflocken
½ Bund	frische Petersilie, grob gehackt

Eine üppige Portion Liebe und Humor

Geben Sie alle Zutaten in den Multizerkleinerer, und pürieren Sie sie zu einer Creme – so fein, wie es Ihnen gefällt. (Ich persönlich mag es, wenn von den Tomaten noch gröbere Stücke in der Creme sind.)

Sie sollten diesen Aufstrich direkt servieren oder in einem verschlossenen Gefäß im Kühlschrank aufbewahren.

Tipp

Für den Fall, dass Sie einmal keine gekeimten Sonnenblumenkerne zur Hand haben sollten, können Sie den Aufstrich auch völlig problemlos mit ungekeimten Sonnenblumenkernen zubereiten.

Dill-Zaziki »Gartenzauber«

vegan, glutenfrei

Zutaten

½	Schlangengurke, entstielt und geschält (ca. 200 g)
1 Bund	frischer Dill
1	große vollreife Avocado (z. B. »Reed«)
100 g	Mandelmus
100 g	Zucchini, entstielt und grob gewürfelt
2	Knoblauchzehen, geschält und gepresst
	schwarzer Pfeffer frisch aus der Mühle (optional)
1 EL	Apfelessig, naturtrüb
4 EL	Ume Su

Eine große Prise Liebe und Fröhlichkeit

Hobeln oder schneiden Sie ca. 50 g Gurke in feine Scheiben, und stellen Sie diese beiseite. Legen Sie sich ebenfalls ein paar Dillspitzen für die Dekoration beiseite.

Zerkleinern Sie die übrigen 150 g Gurke grob, und schälen und entkernen Sie die Avocado. Geben Sie dann alle Zutaten in den Multizerkleinerer, und pürieren Sie sie zu einer Creme. Schmecken Sie diese nach Ihrem persönlichen Geschmack ab. Mischen Sie nun den Großteil der feinen Gurkenstreifen von Hand unter die Creme, und füllen Sie diese in ein ansprechendes Gefäß. Dekorieren Sie das Zaziki mit den restlichen Gurkenscheiben und den Dillspitzen.

Als Farbtupfer macht sich etwas Kirschtomate sehr schön.

Servieren Sie diesen Aufstrich direkt, oder stellen Sie ihn kalt, und verbrauchen Sie ihn innerhalb von 2 Tagen.

Tipp

Wenn Sie keinen Knoblauch mögen, dann können Sie diesen auch einfach weglassen oder den sanfteren Schnittknoblauch verwenden.

Möhrenaufstrich »Mümmels Schmaus«

vegan, glutenfrei

Zutaten

ca. 200 g	Möhrentrester (Rest vom Saftpressen) (alternativ: 150 g frische Möhre, gewürfelt)
80 g	Apfel, entstielt, entkernt und grob zerkleinert
3–4 EL	Mandelmus oder Cashewmus
100 ml	Wasser (etwas weniger bei Verwendung von frischen Möhren)
1 EL	Zitronen-Olivenöl oder Orangen-Olivenöl
2–3 EL	Orangensaft (optional)
1 EL	Apfelessig oder Zitronensaft
1 Handvoll	Koriandergrün (alternativ: Petersilie), grob gehackt (ca. 15 g)
25 g	grüne Rosinen (ca. 1–2 Std. einweichen lassen)
1–2 EL	Ume Su (oder ca. 1 TL Salz)
	schwarzer Pfeffer frisch aus der Mühle (optional)
1 Hauch	Zimtpulver (optional)
1 Hauch	Muskatnuss, frisch gerieben
½ TL	Korianderpulver
1 Prise	Cayennepfeffer

Eine große Portion Liebe und Hingabe

Schneiden Sie die eingeweichten grünen Rosinen in kleine Stücke, und stellen Sie sie beiseite.

Verarbeiten Sie alle anderen Zutaten in der Küchenmaschine oder mit dem Multizerkleinerer zu einer gleichmäßigen Masse. Schmecken Sie anschließend mit Cayennepfeffer und schwarzem Pfeffer die Schärfe nach Ihrer persönlichen Vorliebe ab. Mischen Sie zum Schluss sorgfältig die Rosinen unter.

Dieser Aufstrich schmeckt sehr fruchtig und frisch (und passt zum Beispiel köstlich – zusammen mit frischen Sprossen – auf die »Poppy«-Cracker).

»Mediterranea«
Fruchtige Cashew-Tomaten-Creme mit Basilikum

vegan, glutenfrei

Zutaten

150 g	Cashewkerne (über Nacht einweichen lassen)
125 ml	Fermentgetränk oder Wasser
ca. 8	reife Kirschtomaten (200 g)
1	kleine Knoblauchzehe, geschält und gepresst
6 EL	Ume Su
5 g	frische Basilikumblätter, grob zerrupft
1–2 TL	Chili-Olivenöl
¼ TL	edelsüßes Paprikapulver
1 gestr. TL	Flohsamen
	schwarzer Pfeffer frisch aus der Mühle (optional)

Eine überfließende Portion »Amore & Passione« untermischen

Spülen Sie die eingeweichten Cashewkerne gründlich mit kaltem Wasser ab, und pürieren Sie sie dann zusammen mit Fermentgetränk oder Wasser im Mulitzerkleinerer fein.

Fügen Sie nun die übrigen Zutaten hinzu, und pürieren Sie alles zu einer glatten cremigen Masse.

Schmecken Sie nach Belieben mit Ume Su und schwarzem Pfeffer ab.

Füllen Sie die Creme in ein ansprechendes Gefäß, und streuen Sie in feine Streifen geschnittenes Basilikum darüber.

Dieser Aufstrich schmeckt herrlich frisch und fruchtig!

»Försters Liebling« Rauchig-pikanter Avocadoaufstrich mit Chipotle

vegan, glutenfrei

Zutaten

200 g	Avocadofleisch
1	reife Tomate, ohne Strunk, gewürfelt (ca. 60 g)
50 g	rote Paprika, entkernt und grob gewürfelt
1–2 MSP	Chipotle-Pulver (Jalapeno-Chilipulver)
1 MSP	edelsüßes Paprikapulver
	Salz (nach Wunsch)
1 TL	Zitronensaft
etwas	frisches Koriandergrün oder Petersilie

Eine sehr große Portion Liebe und Begeisterung für den Wald

Waschen Sie die Tomate und die Paprika, und schneiden Sie sie in grobe Würfel. Geben Sie alle Zutaten in den Standmixer, und pürieren Sie sie zu einer glatten Creme. Schmecken Sie diese anschließend ab, und füllen Sie sie in ein Serviergefäß. Durch die verwendete Menge Chipotle-Pulver können Sie bestimmen, wie »rauchig« das Aroma der Creme wird (die z. B. auf Essenerbrot sehr lecker schmeckt).

Tipp

Sie können auch noch etwas rote Paprika in sehr kleine Würfelchen schneiden und unter die Creme mischen.

»Leuchtendes Glarnerland« Schabzigerklee-Cashew-Aufstrich

vegan, glutenfrei

Zutaten

75 g	Cashewkerne (über Nacht einweichen lassen)
50 ml	Wasser
20 ml	Ume Su
100 g	Apfel, entstielt, entkernt und grob zerkleinert
2 EL	frisches Koriandergrün, gehackt
¼ TL	edelsüßes Paprikapulver
1 gestr. EL	Schabzigerklee
1 Prise	Korianderpulver
	schwarzer Pfeffer aus der Mühle (optional)
1 MSP	Bockshornklee
ein wenig	Currypulver
einige Spritzer	Zitrone

Eine üppige Portion Liebe und Faszination

Spülen Sie die Cashewkerne gründlich ab. Geben Sie sie zusammen mit allen anderen Zutaten in den Multizerkleinerer, und pürieren Sie alles.

Füllen Sie den Aufstrich in ein Schälchen, und servieren Sie ihn sofort – oder bewahren Sie ihn in einem geschlossenen Gefäß kühl auf.

Hintergrund

Als ich bei meiner Schwester im Schweizer Glarnerland zu Besuch war, lernte ich den köstlichen Schabzigerklee kennen. In Erinnerung daran erhielt dieser Aufstrich seinen Namen.

»Lakshmis Liebling«
Fruchtiger Curry-Ananas-Dip

vegan, glutenfrei

Zutaten

100 g	Cashewkerne (über Nacht einweichen lassen)
25 ml	Wasser
100 g	vollreife Ananas, geschält und grob zerkleinert
1	vollreife Banane, geschält und grob zerkleinert
2 EL	Kokosmus (Empfehlung: von Dr. Georg)
1–2 geh. EL	Currypulver (z. B. »Good old mild« von Herbaria)
2 EL	Koriandergrün
3–4 EL	Ume Su

Eine große Portion Liebe und Vertrauen

Spülen Sie die eingeweichten Cashewkerne gründlich. Geben Sie alle Zutaten in den Multizerkleinerer, und pürieren Sie sie fein.

Füllen Sie den Aufstrich in ein ansprechendes Gefäß, und dekorieren Sie ihn z. B. mit Korianderblättern.
Servieren Sie den Aufstrich sofort, oder bewahren Sie ihn in einem geschlossenen Gefäß kühl auf.

Dieser Aufstrich schmeckt beispielsweise hervorragend auf den pikanten »Hot Hot Hot«-Crackern.

Neue Rezepte, Tipps, Bezugsquellen, Kurse, Webshop und mehr auf www.taste-of-love.de

Dort finden Sie auch weitere interessante Hintergrundinformationen